Heike Boeke

Bei Anwendung Erfolg!

Sinnsprüche

Bibliografische Information der Deutschen Nationalbibliothek:
Die Deutsche Nationalbibliothek verzeichnet diese Publikation in der Deutschen Nationalbibliografie; detaillierte bibliografische Daten sind im Internet über http://dnb.dnb.de abrufbar.

Herstellung und Verlag: BoD – Books on Demand, Norderstedt

ISBN: 9 783751 937597

Inhalt

Flexibel

Sonnenblumen wenden ihren Kopf immer Richtung Sonne und müssen nicht einmal den Hals dabei verdrehen. Doch besser den Hals verdrehen, als ständig ins Dunkel zu schauen.

DAS LEBEN

Das Leben ist wie ein Sparkonto, auf dem es keine Zinsen gibt, wenn man nicht in Bewegung bleibt.

SELBSTBEWUSST

Selbstbewusst ist der, der erkennt auch ein Falke kann mal keine Beute machen. Trotzdem bleibt er ein Falke und wird nicht zur Meise.

PERSPEKTIVEN

Eine Schnecke hat eine andere Perspektive als ein Vogel. Ihre Perspektive ist deshalb nicht schlechter.

VERLETZENDE WORTE

Kollateralschäden kann man auch mit Worten anrichten.

SELBSTLOSIGKEIT

Selbstlosigkeit kann auch dazu führen, dass man sich auflöst.

LEICHTSINN

Durch Stromschnellen zu jagen macht so lange Spaß, bis man den Wasserfall hört.

LOCKERER SPRUCH

Ein lockerer Spruch zur falschen Zeit kann wirken wie ein Stein der erschlägt.

GLÜCK

Dem Glück hinterherzulaufen ist wie den Wind einfangen zu wollen. Warte bis es windstill ist.

VERZWEIFLUNG

Im Tunnel sind selbst die Chancen schwarz.

30

AUSDAUER

Auf Dauer ist Ausdauer schlauer.

LEBENSTRÄUME

Lebensträume zerplatzen,
wenn sie nur aus heißer Luft
bestehen.

HASS

Hass ist wie ein Borkenkäfer.
Irgendwann sind so viele
Gehirnteile befallen, dass der
Mensch ihm zum Opfer fällt.

ANGST

Angst ist wie eine Zementmasse die über eine blühende Wiese gegossen wird. Mut ist dagegen wie frisches Wasser. Willst du wachsen wähle den Mut!

EGOISTEN

*Egoisten sind wie Fliegenpilze.
Außen schön bunt und innen
giftig.*

40

MÖGLICHKEITEN

Auf dem See der Möglichkeiten kann man dicke Fische nicht mit den Händen fangen. Darum lerne angeln.

REALISTISCHE ZIELE

Mancher Berg muss nicht unbedingt bestiegen werden. Man kann ihn auch voll Ehrfurcht betrachten.

UNSER GEHIRN

Ein Gehirn das nicht denkt, ist wie ein Auto das stillsteht. Irgendwann beginnt es zu rosten.

EINBILDUNG

*Eine Schnecke glaubt sie sei
ein flinkes Reh bis sie ein Reh
kennenlernt.*

MUT

Ein Mutausbruch ist besser als ein Wutausbruch.

PECH

Wolken am Lebenshimmel bringen nicht nur Regen. Sie können auch Schatten spenden.

52

GRENZEN

Superlativen haben auch ihre Schwächen. Sie kennen keine Grenzen.

54

SELBSTREFLEXION

Selbstreflexion ist wie ein Blick in den Spiegel. Nicht alles, was man dort sieht, gefällt.

MAUERN

*Mauern in Köpfen haben oft
Fundamente aus Vorurteilen.*

SELBSTÜBERSCHÄTZUNG

In einem Blumenfeld stritten sich ein Gänseblümchen und ein Löwenzahn wer von ihnen der Größte sei. Dann kam der Rasenmäher...

HUMOR

Humor ist der Humus, auf dem das Leben blüht.

INHALTSLOS

Leere Worte haben den gleichen Inhalt wie ein leeres Glas Bier.

REICHTUM

Kapital anzuhäufen ist genauso sinnlos, wie einen Haufen Sand zu schaufeln.

WEISHEIT

Graue Haare sind nicht immer ein Zeichen von Weisheit. Sie könnten auch gefärbt sein.

68

FALSCHE WAHL

Ein Schuh kann noch so schön sein. Passt er nicht, tut er trotzdem weh.

Beharrlichkeit

Zu sehr sollte man nicht auf seiner Meinung beharren. Es könnte sein, dass man sehr bald alleine ist.

72

IM KREIS GEHEN

Ein Hamster im Rad glaubt, wenn er nur schnell genug läuft, kommt er ans Ziel. Läuft man nur im Kreis, ist die Geschwindigkeit jedoch egal.

74

TATSACHEN

Auf dem Meer der Tatsachen landet irgendwann auch eine Feder.

RATSCHLAG

Mancher Rat kann auch ein Schlag sein.

SPRÜCHE

Markige Sprüche können bis ins Mark treffen.

WIND DES LEBENS

Der Wind des Lebens kann einem starken Baum nichts antun.

QUALITÄT

Qualität entsteht durch Qual.
Die Frage ist nur wer dabei
gequält wird.

84

ANSCHLUSS

*In einigen Köpfen sucht
manche Synapse verzweifelt
einen Anschluss.*

ALTER

Die Patina des Lebens macht wertvoll. Allerdings meinen manche Menschen mit Essig und Salz sie wieder entfernen zu müssen. Die Ergebnisse sind nicht immer ansehnlich.

WACHSTUM

Ein starker Baum wächst langsam.

LEBENSWEG

Auf einem asphaltierten Weg kommt man zwar schnell voran, aber man sieht die Schönheit der Landschaft nicht. Gehe ab und zu mal über einen Waldboden.

LANGEWEILE

Langeweile kommt dort auf,
wo man eine lange Weile
nichts tun kann.

ERFOLG

Erfolg definieren viele nur durch viel Geld. Es gibt auch noch andere Währungen. Man muss sie sich nur leisten können.

96

MAßSTAB

Maßstäbe sind Stäbe die nicht immer richtig messen, wenn man sie falsch anlegt.

PSYCHE

Die Psyche braucht genauso Nahrung wie der Körper. Bei vielen wirkt sie allerdings unterernährt.

LIEBE

Ein Leben ohne Liebe ist wie ein Teig mit zu wenig Butter.

102

LEBENSWERTES LEBEN

Ein hoher IQ ist keine Gewähr für ein lebenswertes Leben. Manches ist nicht so kompliziert, wie es scheint.

FORTSCHRITT

Nicht jeder Fortschritt ist ein Schritt in die richtige Richtung.

106

ZERMÜRBT

Ein Gummiband, das mürbe ist, ist auch nicht flexibel. Für zermürbte Menschen gilt das Gleiche.

BLICKWECHSEL

Vielleicht ist nicht alles so schlecht wie man denkt, wenn man den Blick in eine andere Richtung lenkt.

LOGIK

Manches Mal bedarf es der Philosophie, um zumindest in der Theorie zu wissen, was Logik ist.

SORGENFREI

Völlig ohne Sorgen zu leben wäre wie ständig in der Sonne stehen. Das wäre auf Dauer auch ungesund.

UNBELEHRBAR

Unbelehrbare Menschen sind wie brummende Insekten an Fensterscheiben.

KRACH

Manche Menschen brauchen Krach um zu erkennen, dass sie noch leben. Den Krach, der andere Menschen am Leben hindert.

118

EMPATHIE

Marktwirtschaftliche Empathie ist mithilfe von Algorithmen Internet-Fußabdrücke zu finden.

KURSÄNDERUNG

Jede Abfahrt von einem falschen Weg ist eine richtige Abfahrt.

KÜNDIGUNG

Eine Kündigung ist wie eine Abrissbirne. Sie macht Platz für vieles Neue, wenn sich erst einmal der Staub gelegt hat.

Auf meiner Website finden sie weitere Gedichtbände

www.heike-boeke.de

Gedichte liebe das Leben

ISBN: 978-3-7494-6798-3